Sisyphus

rex improbus

Peter Sipes

Pluteo Pleno • Casper, Wyoming

Sisyphus:
rex improbus

Peter Sipes

Pluteo Pleno
803 South Durbin Street
Casper, Wyoming 82601

www.pluteopleno.com

Edition 1.0, April 2020

ISBN 978-1-937847-08-1

Table of Contents

I love the story of Sisyphus. It's ridiculous. It's so ridiculous that I have written a Latin novella for students about the story. You are reading that novella right now.

I could not have done this story half so well without the input of John Piazza and Robert Amstutz. Even with their help, I'm sure there are a few typos and rough spots that belong to me.

I hope you enjoy the story as much as I do.

capitulum prīmum

rēx improbus

Corinthus erat (et est) oppidum in Graeciā et rēx ibi erat Sīsyphus, quī erat improbus sed callidus. Sīsyphus erat aeger—valdē aeger. moritūrus[1] erat, sed vītam amābat. morī enim nōlēbat, quia vītam valdē amābat.

Sīsyphus uxōrem, Meropēn[2], habēbat, quae etiam erat improba sed callidā. Sīsyphus Meropēn amābat, et Meropē Sīsyphum amābat. Meropē Sīsyphum morī nōlēbat, quia Meropē est immortālis.

---

[1] moritūrus – about to die
[2] Note the -n and not -m.

Meropē nōn moritūra erat. sī Sīsyphus morerētur, Meropē esset trīstis.[3]

"ō Sīsyphe," inquit Meropē, "tē morī nōlō."[4]

"ego," inquit Sīsyphus, " morī nōlō, sed aeger sum. moritūrus sum. auxilium habēre volō. quis mihi auxilium dabit?"

"tibi," inquit Meropē, "auxilium dabō, quia tē amō."

---

[3] sī Sīsyphus morerētur, Meropē esset trīstis. – If Sisyphus were to die, Merope would be sad.
[4] tē morī nōlō. – I don't want you to die.

"bonum audītū!"[5] inquit Sīsyphus, "sed cōnsilium in animō nōn habeō."

"cōnsilium," inquit Meropē rēgīna, "in animō habeō." rēgīna Sīsyphō cōnsilium suum nārrābat, et valdē improbum erat cōnsilium!

---

[5] bonum audītū! – good to hear!

capitulum secundum

regīna improba

nunc Sīsyphus mortuus est. erat tam aeger
ut mortuus esset, sed Meropē nōn
lacrimāvit. laeta erat Meropē, quia
cōnsilium malum in animō habuit.
Meropē nōn erat trīstis quia mala erat.
Meropē erat improba.

"ego," inquit Meropē, "Sīsyphum in terrā
nōn sepeliō. volō ut Sīsyphus ad mē
revēniat. Plūtō mortuōs sepelīrī in terrā
vult. Plūtō eum sepelīre volet."

itaque Meropē Sīsyphum mortuum nōn

sepelīvit. immō Meropē eius corpus in viā posuit nūllō obolō[6] in ōre impositō. nihil est in ōre.

Meropē suum cōnsilium callidum ēgit. cūr cōnsilium ēgit? quia Sīsyphum amāvit et eum mortuum esse nōlēbat. obolum in ōre Sīsyphī nōn posuit. corpus eius in terrā nōn sepelīvit.

---

[6] obolum – the fare for the ferry into the underworld

capitulum tertium

rēx mortuus in Īnfera it

diēs vēnit quō Sīsyphus morerētur.
Merōpe cōnsilium improbum ēgit. rē
vērā, nihil ēgit Meropē nisi lacrimābat.
nōn erat fūnebria[7]. Sisyphus nōn sepultus
est. in viā erat corpus Sīsyphī.

nunc Sīsyphus erat in īnferīs, ubi mortuī
habitābant, et Chārōntem vīdit. Chārōn
mortuōs trāns Stygem fluvium[8] ferēbat,
quia hominēs mortuī in infera cum
Chārōntem intrābant. Chārōn obolum

---

[7] funebria – funeral rites
[8] Stygem fluvium – River Styx, the boundary of the underworld

12

petīvit ut dūceret Sīsyphum trāns Stygem.

Sīsyphus obolum nōn habuit.

"cūr," inquit Chārōn, "obolum nōn habēs?"

"Meropē," inquit Sīsyphus, "mihi obolum nōn dedit, neque mē sepelīvit."

"quam malum," inquit Chārōn, "Meropē ēgit. tē ad rēgem mortuōrum, Plūtōnem, dūcam. nam Meropē est improba, obolum nōn petō."

Chārōn Meropis cōnsilium nescīvit,

itaque Sīsyphus Chārōntem fraudāvit[9].
Meropē erat improba. Sīsyphus erat
improbus. Chārōn Sīsyphum mortuum ad
Plūtōnem dūxit.

---

[9] fraudavit – he tricked

capitulum quartum

rēx lacrimat

Sīsyphus nōn iam in corpore habitābat,
immō in īnferīs habitābat. trīstis erat
Sīsyphus, quia Meropē eius corpus in
terrā nōn sepelīvit neque eī obolum dedit.
rē vērā, mortuī nōn erant laetī nisi[10]
corpora sepulta erant. dum corpus in viā
erat, Sīsyphus erat trīstis. Sīsyphus
semper lacrimābat. Sīsyphus autem
lacrimāvit lacrimīs falsīs, quia Meropē
cōnsilium ēgit. Meropē eum nōn
sepelīvit. Plūtōnī autem aliter vīsus est[11]:
Sīsyphus magnō cum dolōre lacrimābat.

---

[10] nisi – unless
[11] visus est – it seemed

Plūtō erat bonus rēx etiamsī[12] rēx erat
mortuōrum. Plūtō Sīsyphum cum magnō
dolōre lacrimantem vīdit et nōn placuit.
nunc Plūtō nōn est laetus et ad Sīsyphum
accidit.

"ō," inquit Plūtō, "Sīsyphe! quam trīstis
es! licetne mihi auxilium tibi dare?"

at Sīsyphus: "mī rēx, Meropē corpus
meum nōn sepelīvit. utinam[13] mihi liceat
redīre ut eam iubeam[14] mē sepelīre."

---

[12] etiamsī – even if
[13] utinam – if only
[14] iubeam – I order

at Plūtō: "ō Sisyphe, quam improba uxor est tibi! īre dēbēs ut uxōrī dīcās tē sepelīrī dēbēre. deinde redīre hūc dēbēs."

at Sīsyphus: "grātiās, mī rēx. ad uxōrem ībō ut uxōrī dīcam. uxor corpus meum sepelīre dēbet."

hōc dictō, Sīsyphus ā Plūtōne abīvit et Corinthum īvit. laetus erat. cōnsilium erat bonum Sīsyphō. cōnsilium erat malum Plūtōnī.

capitulum quīntum

rēx revēnit

Sīsyphus mortuus Corinthum īvit laetus!
nunc mortuus revēnit quia Meropē eum
nōn sepelīvit. quam laetī erant Sīsyphus
et Meropē. Plūtōnem fraudāvērunt!

Meropē erat laeta. Sīsyphus erat laetus.
neque Meropē neque Sīsyphus
lacrimāvērunt, quia revēnit Sīsyphus.
eratne mortuus Sīsyphus? immō vīvit.

estne fīnis huius fābulae? nōn est fīnis
huius fābulae, quia mortuī dēbent esse in

īnferīs et cum Plūtōne habitāre dēbent.

Sīsyphus autem erat Corinthī cum uxōre.

Sīsyphus uxōrem amāvit, quia nōn iam

est mortuus. Sīsyphus morīrī nōlēbat, et

Meropē eī auxilium cōnsiliō improbō

dedit.

capitulum sextum

deus īrātus

Iuppiter erat īrātus. Sīsyphus ex īnferīs
īvit sed nōn revēnit. Iuppiter vīdit
Sīsyphum mortuum cum Merope Corinthī
habitāre. quam improbī erant Sīsyphus et
Meropē!

Meropē erat laeta. Sīsyphus erat laetus.
Iuppiter nōn erat laetus. immō Mercurium
in īnfera mīsit ut Plūtō rem scīret.

"improbus," inquit Mercurius Plūtōnī,
"Corinthī habitat Sīsyphus."

"quid," inquit Plūtō, "dīcis?"

"Sīsyphus," inquit Mercurius, "Corinthī cum Meropē habitat neque in īnfera revēniet. Sīsyphus nōn est mortuus. Iuppiter est īrātus. aut Sīsyphus revēnit aut Iuppiter tē ex īnferīs mittet."

capitulum septimum

Plūtō īrātus

nunc Plūtō erat īrātus. cūr erat Plūtō
īrātus? erat īrātus, quia Sīsyphus, quī erat
improbus, eum fraudāvit. Sīsyphus nōn
est mortuus, sed nunc vīvēbat!

"nēmō," inquit Pluto, "mē fraudat.
Sīsyphus est improbus."

Plūtō ex īnferīs mittī nōlebat, itaque
Thanatum[15], quī mortuōs capiēbat,
Corinthum mīsit ut Thanatos Sīsyphum
caperet. manicās cēpit ut Sīsyphum

---

[15] Thanatos – the grim reaper of mythology, not the
purple guy from the movie

tenēret. manicae Thanatī erant fortēs et manūs hominis bene tenēre potuērunt. Thanatos cōnsilium bonum habuit.

Thanatos Sīsyphī domum īvit. quid est domus? Sīsyphī domus est ubi Sīsyphus habitat. Thanatos Sīsyphī domum īvit et Sīsyphum vocāvit.

capitulum octāvum

Thanatos fraudātus

"salvē," inquit Thanatos, "Sīsyphe!"

"salvē," inquit Sīsyphus, "Thanate! tē nōn petō."

"mēcum," inquit Thanatos īrātus, "venī! Plūtōnem, quī nēmō fraudāre dēbet, fraudāvistī, itaque manicās habeō. pōne mānicās in tē ut mēcum veniās."

at Sīsyphus: "quae sunt manicae?"

Thanatos: "manicae manūs tuās tenent nē

ā mē abeās.[16] manicās habeō ut tē capiam
et ut in īnfera veniās et ut ibi maneās."

Sīsyphus: "eheu! dē manicīs nihil sciō.
mōnstrā mihi mānicās in tē. eās vidēre
volō ut eās in mē bene pōnam."

Thanatos manicās in sē posuit. nunc
manicae Thanatum tenuērunt. Sīsyphus
Plūtōnem fraudāvit, quia Thanatum
manicīs cēpit. eheu! Thanatos Sīsyphum
nōn cēpit. immō Sīsyphus Thanatum
cēpit.

---

[16] abeās – you go away

Thanatos erat Corinthī cum Sīsyphō
neque mortuōs capiēbat. Sīsyphus
Thanatum in hortum suum dūxit. nunc
Thanatos in hortō Sīsyphī est.

capitulum nonum

Iuppiter Mercurium mīsit

mortuī in īnfera nōn iam intrābant, quia
Thanatōs erat in Sīsyphī hortō neque
mortuōs in īnfera dūcēbat. Plūtō, rēx
mortuōrum, erat īrātus, quia mortuī
intrāre in īnfera nōn potuērunt.

Iuppiter aliquid malum vīdit. nunc
Iuppiter erat īrātus, quia mortuī nōn erant
mortuī, sed vīvēbant. nēmō moriēbātur.
erat malum, sed Iuppiter causam nescīvit.

Iuppiter: "Mercuriī! pete Plūtōnem.
aliquid est malum in īnferīs, quia nēmō in

27

īnfera intrat. nēmō moritur."

Mercurius: "quid est mihi agendum?"

Iuppiter: "pete Plūtōnem."

Mercurius Plūtōnem petīvit itaque in
īnfera īvit. Mercurius Plūtōnem modo ibi
vīdit. Proserpina, uxor Plūtōnis et rēgīna
īnferōrum, Mercuriō dīxit Plūtōnem
Thanatum in mundum mīsisse ut
Sīsyphum peteret.

Mercurius Corinthum īvit et fēminae
dīxit: "ubi est Thanatos?"

at fēmina: "nesciō, sed sciō Thanatum
nōn esse in īnferīs. laeta sum, quia aegra
eram. nunc nōn sum mortua."

Mercurius corpus Sīsyphī in viā vīdit, et
fēminae dīxit: "cuius corpus est in viā?"

at fēmina: "rēgis Sīsyphī corpus est, sed
tantum est corpus. eius uxor id ibi
posuit."

at Mercurius: "uxor? quis est Sīsyphī
uxor?"

fēmina: "Meropē, quae est rēgīna
Corinthī, est Sīsyphī uxor."

Mercurius: "ubi est Meropē?"

fēmina: "ibi est domus eōrum."

fēmina domum Meropis et Sīsyphī digitō
mōnstrat:

Mercurius illūc īvit, sed nescīvit
Thanatum nunc esse ibi in hortō Sīsyphī.

capitulum decimum

Mercurius et Sīsyphus

nunc Mercurius ad casam Sīsyphī advēnit, tunc Meropēn vocāvit.

Mercurius: "Meropē! venī hūc!"

Meropē: "veniō. quis es?"

Mercurius: "Mercurius sum."

Meropē: "et cūr es hīc?"

Mercurius: "Iuppiter mē mīsit ut Thanatum inveniam."

Meropē: "Thanatos nōn est mēcum."

et Thanatos nōn erat cum Meropē.
Thanatos erat in hortō. nunc vēnit
Sīsyphus, quī Meropēn audīvit. sed
Mercurium nōn vīdit.

Sīsyphus: "Meropē, quid est?"

nunc Mercurius Sīsyphum vīdit! eheu!
Sīsyphus nōn est laetus.

Mercurius: "Sīsyphe! ego corpus tuum
modo vīdī—in viā. mortuus esse dēbēs!

in īnferīs esse dēbēs! cūr es hīc?"

Sīsyphus nihil dīxit. Mercurius erat īrātus.

Mercurius: "tē capiam. sī Thanatum capere nōn possum, tē capere dēbeō."

Sīsyphus: "nē mē cape! sciō ubi sit Thanatos."

Mercurius: "ōh? ubi est Thanatos?"

Sīsyphus: "in hortō meō."

Mercurius: "dā mihi Thanatum et venī

mēcum!"

Sīsyphus: "cūr?"

Mercurius: "Iuppiter mē mīsit ut
Thanatum invenīrem. eum invēnī. eum
habēbō aut tē et Meropēn interficiam."

Sīsyphus: "nē Meropēn interfice! eam
amō. venī mēcum ut Thanatum habeās."

Mercurius et Sīsyphus in hortum eunt. in
hortō est Thanatos.

capitulum undecimum

Thanatos līberātus

in hortō Mercurius manicās ā Thanatō
cēpit. Thanatos est līberātus. Thanatos
erat laetus.

Mercurīus: "cūr laetus es? Sīsyphus tē in
manicīs habuit. Iuppiter nōn est laetus. tū
et Sīsyphus in īnfera īre dēbētis. tē et
Sīsyphō in īnferīs, Iuppiter erit laetus.
Meropēn nōn interficiam."

itaque Thanatos et Sīsyphus in īnfera
īvērunt.

capitulum duodecimum

Sīsyphī poena

Plūtō est in īnferīs et Sīsyphus. mortuī
moriuntur, quia Thanatos eōs in īnfera
dūxit. Iuppiter erat laetus. Plūtō nōn erat
laetus. Sīsyphus eum fraudāvit, itaque
Plūtō Sīsyphō poenam dare voluit.
poenam magnam dare voluit.

"saxum," inquit Sīsyphō Plūtō, "pellis et
pellis et pellis."

"saxum," inquit Plūtōnī Sīsyphus,
"pellere nōlō."

"poena," inquit Plūtō, "est necesse tibi, quia mē fraudāvistī et Thanatum cēpistī."

nunc Sīsyphus saxum habēbat. Sīsyphus saxum in collem pellēbat ut saxum esset in collis cacūmine[17]. sed saxum cecidit. et Sisyphus id pellēbat ut esset in collis cacūmine. et saxum cecidit. deinde Sisyphus saxum pellēbat. euge! saxum est in cacūmine. sed saxum iterum cecidit. eheu! iterum Sisyphus saxum pellēbat. iterum saxum erat in cacūmine. et iterum saxum cecidit. et nunc Sisyphus saxum pellēbat ut esset in collis cacūmine. sed

---

[17] in collis cacumine – on the hill's top

saxum cecidit. iterum et iterum et iterum.

Sisyphus non erat laetus, quia poena erat!

glōssārium

ā, ab
> from, by

abeō, abīre, abīvī, abitum
> to go away

accidō, accidere, accidī
> to happen

ad
> to, toward

adveniō, advenī, advēnī, adventum
> to come to

aeger, aegra, aegrum
> sick

agō, agere, ēgī, actum
> to do

aliquis, aliquid
> someone, something

aliter
> otherwise

amō, amāre, amāvī, amātum
> to love

animus, animī
> spirit

at
> but, shows a new speaker talking

audiō, audīre, audīvī, audītum
> to hear

aut
> or, either...or...

autem
    but
auxilium, auxiliī
    help
bene
    well
bonus, bona, bonum
    good
cacūmen, cacūminis
    top, peak
cadō, cadere, cecidī
    to fall
callidus, callida, callidum
    clever, smart
capiō, capere, cēpī, captum
    to grab, to take
casa, casae
    house
causa, causae
    cause
Chārōn, Chārōntis
    Charon, the ferryman to the underworld
collis, collis
    hill
cōnsilium, cōnsiliī
    plan
Corinthus, Corinthī
    Corinth, a city in Greece
corpus, corporis
    body

cum
>with

cūr
>why

dō, dare, dedī, datum
>give

dē
>down from, about

dēbeō, dēbēre, dēbuī, dēbitum
>ought

deinde
>then

deus, deī
>god

dīcō, dīcere, dixī, dictum
>to say

diēs, diēī
>day

digitus, digitī
>finger

dolor, dolōris
>pain

domus, domī (or domūs)
>home

dūcō, dūcere, dūxī, ductum
>to lead

dum
>while

ēgī
>past tense of agō

ego, meī, mihi, mē
  I, me
eheu
  oh no
enim
  because
eō, īre, īvī, itum
  to go
et
  and
etiam
  too
etiamsī
  even if
euge
  yay
ex
  out of
fābula, fābulae
  story
falsus, falsa, falsum
  false
fēmina, fēminae
  woman
ferō, ferre, tulī, lātum
  to carry
fīnis, fīnis
  end
fluvium, fluviī
  river

fortis, forte
    strong, brave
fraudō, fraudāre, fraudāvī, fraudātum
    to trick
fūnebris, fūnebre
    having to do with funerals, funerary
Graecia, Graeciae
    Greece
gratiae, gratiārum
    thanks
habeō, habēre, habuī, habitum
    to have
habitō, habitāre, habitāvī
    to live, to inhabit
hic, haec, hoc
    this
hīc
    here
homi, hominis
    person
hortus, hortī
    garden
hūc
    to here
iam
    already
ibi
    there
illūc
    to there

immō
  actually, on the contrary
immortālis, immortāle
  immortal
impositus, imposita, impositum
  placed
improbus, improba, improbum
  bad, naughty
in
  in, into
īnfera, īnferōrum
  the underworld
inquit
  he or she says
interficiō, interficere, interfēcī, interfectum
  to kill
intrō, intrāre, intrāvī, intrātum
  to enter
inveniō, invenīre, invēnī, inventum
  to find, to come upon
īrātus, īrāta, īrātum
  angry
is, ea, id
  he, she, it
itaque
  and so
iterum
  again
iubeō, iubēre, iussī, iustum
  to order

Iuppiter, Iovis
> Jupiter

lacrimō, lacrimāre, lacrimāvī
> to cry

laetus, laeta, laetum
> happy

līberātus, līberāta, līberātum
> freed

licet, licēre, licuit
> to be allowed

magnus, magna, magnum
> bit

malus, mala, malum
> bad

maneō, manēre, mānsī, mānsum
> to stay

manicae, manicārum
> handcuffs

manus, manūs
> hand

Mercurius, Mercuriī
> Mercury

Meropē, Meropēs
> Merope, immortal wife of Sisyphus

meus, mea, meum
> my

mittō, mittere, mīsī, missum
> to send

modo
> just

mōnstrō, mōnstrāre, mōnstrāvī, mōnstrātum
   to point out
morior, morī, mortuus sum
   to die
mortuus, mortua, mortuum
   dead
mundus, mundī
   the world
nam
   because
nārrō, nārrāre, nārrāvī, nārrātum
   to tell
nē
   so not, don't
-ne?
   added to end of word, asks yes/no question
necesse
   necessary
nēmō, nēminis
   no one
neque
   and not
nesciō, nescīre, nescīvī, nescītum
   to not know
nihil
   nothing
nisi
   unless
nōlō, nōlle, nōluī
   to not want

nōn
>not

nūllus, nūlla, nūllum
>none, no

nunc
>now

ō
>oh, hey

obolus, obolī
>obol, the fare the dead pay to Charon

oh
>oh

oppidum, oppidī
>town

ōs, ōris
>mouth

pellō, pellere, pepulī, pulsum
>to push

petō, petere, petīvī, petītum
>to look for, to seek

placeō, placēre, placuī
>to please

Plūtō, Plūtōnis
>Pluto, king of the Underworld

poena, poenae
>punishment

pōnō, pōnere, posuī, positum
>to put

possum, posse, potuī
>to be able, can

Proserpina, Proserpinae
> Proserpina, queen of the Underworld

quam
> so, how

quī, quae, quod
> who, what

quia
> because

quis, quid
> who?, what?

redeō, redīre, redīvī, reditum
> to go back

rēgīna, rēgīnae
> queen

rēs, reī
> thing, matter

reveniō, revenīre, revēnī, reventum
> to come back

rēx, rēgis
> king

salvē
> hello

saxum, saxī
> rock

sciō, scīre, scīvī, scītum
> to know

sē
> himself, herself, itself

sed
> but

semper
> always

sepeliō, sepelīre, sepelīvī, sepultum
> to bury

sepultus, sepulta, sepultum
> buried

sī
> if

Sīsyphus, Sīsyphī
> Sisyphus, king of Corinth

Styx, Stygis
> the River Styx, border to the Underworld

sum, esse, fuī, futūrus
> to be

suus, sua, suum
> his or her own

tam
> so

tantum
> only

teneō, tenēre, tenuī, tentum
> to hold

terra, terrae
> land, ground

Thanatos, Thanatī
> Death, the Grim Reaper

trāns
> across

trīstis, trīste
> sad

tū, tuī, tibi, tē
  you (one person)
tunc
  then
tuus, tua, tuum
  your
ubi
  where
ut
  as, like, so that
utinam
  if only
uxor, uxōris
  wife
valdē
  very
veniō, venīre, vēnī, ventum
  to come
vērus, vēra, vērum
  true
via, viae
  road
videō, vidēre, vīdī, visum
  to see
vīta, vītae
  life
vīvō, vīvere, vīxī, vīctum
  to live
vocō, vocāre, vocāvī, vocātum
  to call
volō, velle, voluī   to want

www.ingramcontent.com/pod-product-compliance
Lightning Source LLC
Chambersburg PA
CBHW071743020426
42331CB00008B/2159